Franziska Biermann · Antje von Stemm

Zwei Freundinnen packen aus

Franziska Biermann • Antje von Stemm

ZWEI FREUNDINNEN PACKEN AUS!

BELTZ
&Gelberg

Hallo,

liebe Zuschauerin!
Du hast dieses
Buch eingeschaltet,
um dich einmal
gründlich über
das Thema

Freundinnen

zu informieren.

Wir haben
für dich
deshalb **zwei**
dieser Exemplare
eingeladen, die sich
auf den folgenden
Seiten zu diesem
brisanten
Thema äußern
werden. Am
besten, die beiden
stellen sich erst
mal vor.

♡ Hallo! Ich heiße Charlotta, genannt Lotte. Ich bin 1,50 m groß und wie man sieht, befindet sich auf meinem Kopf ein braunes Lockengestrüpp, das sich auch bei Windstärke 12 nicht einen Zentimeter vom Platz bewegt. Wahrscheinlich ein Erbstück von meiner Ururgroßmutter. Die wussten eben damals noch nicht, dass man sich gegen Kälte auch eine Mütze auf den Kopf setzen kann!
Ich habe eine ältere Schwester, die ich mit Vorliebe zur Weißglut treibe, und einen Hund. Ach ja, zwei Eltern habe ich auch. Wir leben in einem kleinen Reihenhaus, in dem ich eine Besenkammer bewohne. Meine Eltern meinen nämlich, dass Körpergröße und Zimmergröße in einem proportionalen Verhältnis zueinander stehen sollten. Seit ich über diesen Zusammenhang aufgeklärt wurde, zwinge ich meine Schwester jeden Tag zum »Mess-Contest«. Ich gehe in die 7. Klasse, und da habe ich auch sie kennen gelernt: meine beste Freundin.

ZICKE
ME

♡ Und das bin ich: Pia, die beste Freundin meiner besten Freundin! Solche Probleme wie sie hätte ich auch gerne! Ich würde meine drei Schnittlauchlocken sofort gegen ihre Haarpracht tauschen. Und ihre Schwester würde ich sogar mit dazunehmen, obwohl das wirklich eine eingebildete Schreckschraube ist. Aber immer noch besser, als gar keine Geschwister zu haben, kann ich dazu nur sagen, und ich weiß, wovon ich rede. Ich bin nämlich ein allein erziehendes Einzelkind. Alles muss ich meiner Mutter ganz alleine beibringen, von den allgemein üblichen Taschengeldtarifen bis zu vollkommen normalen Nach-Hause-Komm-Zeiten. Meine Mutter tut immer so, als sei sie mit dem anstrengendsten und teuersten Kind aller Zeiten geschlagen und jammert über meine »außerirdischen« Wünsche. Dabei hat jeder in der Schule richtige Turnschuhe, nur ich muss mit solchen Supermarktkrücken an den Füßen herumlaufen. Peinlich! Und dafür soll ich auch noch dankbar sein! Kommt das irgendwem bekannt vor? Aber immerhin, in letzter Zeit hat meine Mutter ein paar Fortschritte gemacht. Das liegt daran, dass ich seit einer Weile in der Erziehung meiner Mutter von meiner besten Freundin unterstützt und beraten werde. Ich bin so froh, dass es sie gibt!

Erzählt
doch
mal,

wie
habt ihr
euch denn
kennen gelernt?

♡ Eigentlich hatte ich mir ja gerade überlegt, in Zukunft ohne beste Freundin auszukommen. Die Zeit in der Grundschule mit meiner Freundin A. hat mir doch den letzten Nerv geraubt. Immer dieses Hin und Her: montags bis mittwochs = Freundin, donnerstags bis samstags = Feindin. Nee, das war mir doch zu anstrengend. So hatte ich mir dann, als ich in die neue Schule kam, einen echten »Ich-bin-echt-cool-und-überhaupt-nicht-an-irgendjemandem-interessiert-Blick« zugelegt. Das funktionierte eigentlich auch ganz gut – vielleicht ein wenig zu gut. Gelegentlich fühlte ich mich doch ein bisschen allein.
Na ja und deswegen habe ich mir gesagt: So ganz ohne Freundin ist es auch doof, also sei mal ein bisschen freundlich und guck mal, ob sich nicht was Passendes findet! Bei genauerem Hinsehen war die Sache dann auch völlig klar. Ich nahm Pia eine gute Kassette auf, nachdem ich mitbekommen hatte, dass sie in puncto Musik dringend nachhilfebedürftig war, und lud sie zu einem 1a-Spionagenachmittag am Schlüsselloch meiner Schwester ein. Dieser Nachmittag brachte dann auch den durchschlagenden Erfolg, denn bevor wir uns an diesem Tag trennten, nahmen wir uns vor, von nun an gemeinsam meine Schwester zu terrorisieren. Ich glaube, das war der Anfang. Jetzt waren wir Freundinnen.

HA HA HA GACKER HIHI

♥ Ganz am Anfang, als Lotte noch »die Neue« in der Schule war, fand ich sie schon ziemlich interessant. Aber sie stand nur mit ihrem »Ich-bin-aber-was-Besseres-Blick« auf dem Schulhof herum und war hauptberuflich cool. Und wenn sie mal die Zähne auseinander bekam, musste jedes zweite Wort unbedingt Englisch sein: »Sorry Baby, heute geht nicht, ich hab ein total wichtiges Date fast vercheckt!« SUPERBLÖD! Ich dachte, die mag mich überhaupt nicht ... Aber dass sie nicht halb so cool war, wie sie immer tat, habe ich dann doch ziemlich schnell gemerkt. Ich habe Charlotta nämlich einmal gesehen, wie sie mit ihrer Mutter Klamotten einkaufen musste, das war vielleicht ein Aufstand! Sie steckte in diesem unmöglichen Ding von einem Kleid und hat den ganzen Laden zusammengeschrien. Hat aber nichts genutzt, ihre Mutter hat's trotzdem gekauft! (»Das steht dir doch so gut, Schatz ...«)

Und dann, nachdem sie sich circa 100 Jahre in ihrer Schulhofecke die Beine in den Bauch gestanden hatte, war über Nacht alles plötzlich ganz anders. Irgendwann nach der großen Pause lag da dieses GEHEIM!-Päckchen in meiner Tasche. Und darin war eine Kassette, auf der sie die angesagteste Musik wie ein DJ moderierte – nur für mich! Nach dieser Spezialnachhilfe wusste ich total Bescheid. Über Musik – und dass sie meine beste Freundin wird.

Tagesform-Pfeffertest

Wenn du herausfinden willst, ob heute ein guter Tag ist, um eine neue Freundin aufzugabeln, dann vermische Salz und gemahlenen Pfeffer. Nimm einen Plastiklöffel und reib ihn an deinem Lieblings-Wollpullover. Halte den Löffel über die Pfeffer- und Salzmischung.

A. Es tut sich gar nichts. Das gilt heute auch in Sachen Freundschaft. Lies endlich mal wieder ein gutes Buch und verschieb deine Freundinnensuche auf morgen.

B. Der Pfeffer springt auf magische Weise zum Löffel. Heute ist ein idealer Tag, um eine neue Freundin zu finden. Deine Anziehungskraft ist einfach unwiderstehlich. Du bist in absoluter Topform!

Gibt es eine beste Freundin

nur einmal?

Ja … also, nein. Nicht direkt. Ich habe schon einmal gedacht, dass ich eine beste Freundin habe. Aber mit X, ich möchte hier lieber keine Namen nennen, war das etwas ganz anderes. Mit X gab es immer Stress, und ich musste tierisch aufpassen, dass sie mich nicht wegen irgendeiner Kleinigkeit tagelang wie schlechte Luft behandelte. Schrecklich, und ich blödes Huhn dachte auch noch, das sei normal! Aber damals wusste ich ja noch gar nichts! Und dann kam der Hammer: X ist mit irgend so einer blauhaarigen Schnepfe aus der Klasse über uns abgedampft und hat mich nicht einmal mehr mit ihrem fetten Hintern angeguckt. Das war's dann mit der »besten Freundin«! Na ja. Aber das ist lange her und zählt nicht richtig. Mit meiner Freundschaft mit Lotte ist das natürlich überhaupt nicht zu vergleichen. Ich glaube, sie ist meine erste richtige beste Freundin!

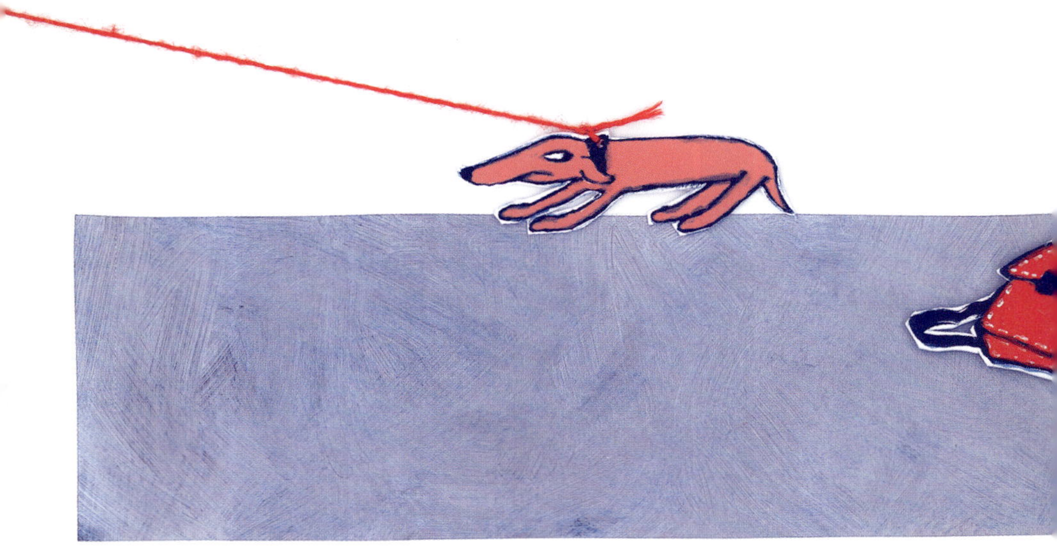

Also, Freundinnen hatte ich schon einige, in der Grundschule, aber das war nie so was Ernstes – irgendwie Kinderkram. Das hab ich ja auch schon erzählt, mit diesem ewigen Hin und Her. Das hat mich richtig fertig gemacht. Es ist eben nicht einfach, eine beste Freundin zu finden. Die kann man weder im Katalog bestellen noch steht sie einfach auf der Straße herum. Es ist etwas ganz Besonderes, eine beste Freundin zu haben. Ich habe da echt richtig Glück.

CONNY
JOHANNA
MARTINA
SUSI
ANDREA
LOUISE
OLGA

Was ist
überhaupt

eine beste

Freundin?

Für mich ist eine beste Freundin eine, die immer zu mir hält und der ich alles erzählen kann. Sie soll nicht immer so leicht beleidigt sein und sich auch mal mit mir streiten. Sie sollte ungefähr so groß sein wie ich, damit wir die Klamotten tauschen können. Und lustig sollte sie auch sein, dann kann sie mich trösten, wenn ich mal traurig bin. Meine Mutter würde es bestimmt ganz großartig finden, wenn der Vater meiner

Freundin in der Telefonbranche tätig wäre, denn sie behauptet, meine Telefonitis würde sie langsam in den Ruin treiben ... Meine Freundin sollte außerdem ein ausgeprägtes Bedürfnis nach frischer Luft haben, denn ich muss leider andauernd mit unserem Königsdackel Gassi gehen. Außerdem wäre es klasse, wenn sie gut in Mathe wäre! Meine beste Freundin sollte sein wie Pia!

Genau das, was Lotte meint, finde ich auch! Eine beste Freundin ist einfach eine, mit der man alles machen und auf die man sich unbedingt verlassen kann. Egal, was für Katastrophen passieren. Gut ist auch, wenn sie eine Mutter hat, die ihr (und ihrer besten Freundin!!!) ein paar Sachen erlaubt, die man selber zu Hause nicht darf, zum Beispiel im Zimmer einen Zoo zu halten oder mal zwei Stunden später ins Bett

zu gehen. Da ist es ja wohl klar, bei wem man übernachtet, wenn man auf eine Party geht ... Gut in Mathe braucht meine Freundin nicht unbedingt zu sein, auf so etwas kommt es mir nicht so an. Aber es ist an und für sich nicht schlecht, wenn die beste Freundin ein paar Sachen drauf hat, die man selber nicht kann ... Lotte ist jedenfalls die perfekteste beste Freundin, die ich kenne.

Bist **du** eine

gute Freundin?

Ja!

Ja!

Bist du eine gute Freundin?

Test zur Vorbeugung von Missverständnissen

1. Du liest gerade ein ganz spannendes Buch. Da ruft deine Freundin an und quatscht dir mit ihren Problemen die Ohren voll.

A. Du tust, als ob dein Telefon kaputt ist und legst einfach wieder auf. (0 Punkte)

B. Du schaltest auf Durchzug und lässt ihr Gebrabbel über dich ergehen. (3 Punkte)

C. Du schwingst dich auf dein Fahrrad, fährst zu ihr und schaust dir ihr Problem mal aus der Nähe an. (100 Punkte)

2. Du bist auf der wichtigsten Party des Jahres eingeladen und der tollste Typ aller Zeiten ist auch da. Du weißt aus erster Hand, dass deine Freundin einen genauso guten Geschmack hat wie du selbst.

A. Du wünschst deiner Freundin heimlich einen Pickel auf die Nase. (1 Punkt)

B. Du verabredest mit deiner Freundin eine fifty-fifty*-Lösung. (*freundschaftliche Teilung! 10 Punkte)

C. Ihr bleibt beide zu Hause und macht euch einen netten Fernsehabend. (783 Punkte)

3. Du hast ein supertolles T-Shirt zum Geburtstag bekommen. Deine Freundin hat am nächsten Tag eine »wichtige« Verabredung und nichts Supertolles zum Anziehen.

A. Du leihst ihr großzügig dein gutes Stück. (100 Punkte)

B. Du gießt dir gerade noch rechtzeitig eine Tasse Kakao über das T-Shirt. (-5 Punkte)

C. Nach stundenlangen Verhandlungen tauschst du dein T-Shirt für einen Tag gegen die Rollerblades deiner Freundin. (8 Punkte)

4. Ihr schreibt eine Mathearbeit, und du siehst, dass deine Freundin schon seit 20 Minuten ratlos auf ihrem Bleistift herumkaut.

A. Du zuckst mit den Schultern und denkst: Dafür schreibt sie ja in Deutsch wieder eine Eins. (0 Punkte)

B. Weil du sowieso schon mit den Aufgaben fertig bist, täuschst du einen Ohnmachtsanfall vor und lässt deine Freundin unbemerkt von dir abschreiben. (brillant! 1000 Punkte)

C. Du arbeitest den Rest der Stunde an einem ausgefuchsten Schummelplan fürs nächste Mal. (99 Punkte)

5. Deine Freundin hat in den Sommerferien viel zu viel Kuchen gegessen und ist völlig aus dem Leim gegangen.

A. Du übersiehst diese Entwicklung und magst sie auch so. (5 Punkte)

B. Du lässt sie montags und donnerstags zum Wettlauf gegen den Dackel deiner Nachbarin antreten. (54 Punkte)

C. Du freust dich über die ganzen Klamotten, die du von ihr erbst. (0 Punkte)

Was findest du gut

an deiner Freundin?

Oh, das ist eine schwierige Frage. Gilt die Antwort: »Gut finde ich, dass sie so ist, wie sie ist?«

Etwas ausführlicher, bitte!

Okay, gut finde ich an ihr, dass sie so lustig ist. Lotte kann schnarchlangweilige Sachen so komisch erzählen, dass ich eigentlich immer Bauchmuskelkater vom Lachen habe, seit ich sie kenne. Das ist auch ganz praktisch für irgendwelche Instant-Ausreden und Notlügen – Lotte fällt einfach immer etwas ein! Neulich hat sie bei mir zu Hause eine so tolle Begründung für unser Zuspätkommen geliefert, dass meiner Mutter fast die Tränen kamen! Sie war noch Tage später richtig stolz auf uns, dass wir der armen, alten, verwirrten Frau geholfen haben, nach Hause zu kommen ... Und trotzdem ist meine Freundin, wenn es darauf ankommt, ganz ernst und absolut offen und ehrlich zu mir. Das ist zwar manchmal auch anstrengend, aber dadurch kann ich ihr zweihundertprozentig vertrauen. Gut finde ich an ihr auch, dass sie meistens zu allen Schandtaten bereit ist. Manchmal muss man sie allerdings ein bisschen zu ihrem Glück überreden ... Also, im Großen und Ganzen finde ich ihre Mischung gut – sie passt einfach gut zu mir!

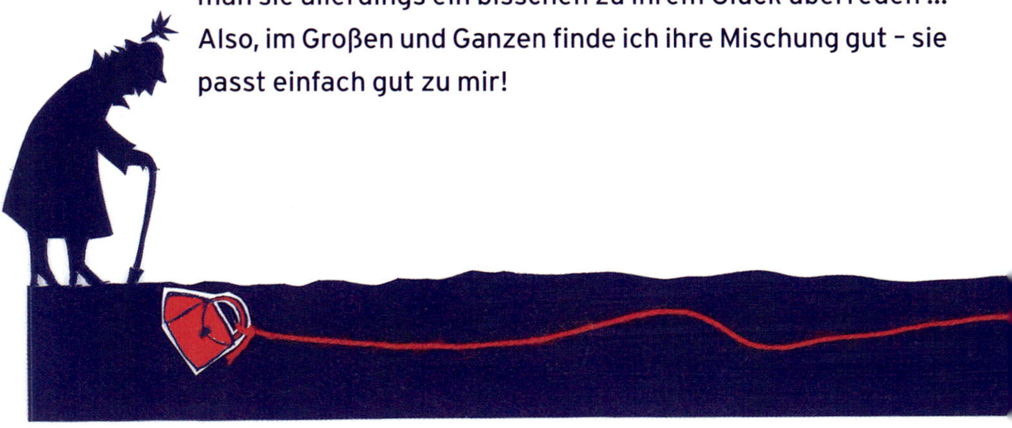

♡ Also, ich finde es gut, dass sie meistens eine genauso große Klappe hat wie ich. Wenn wir gemeinsam irgendwo hinkommen, können alle anderen einpacken. Ich kann mit ihr über meine Probleme reden, und selbst wenn sie mir ausweglos erscheinen, findet sie doch meistens eine Lösung. Pia ist viel mutiger als ich. Das finde ich toll, denn das hilft mir auch, öfter mal über meinen Schatten zu springen. Ich Hasenfuß wäre doch niemals alleine auf die Idee gekommen, mitten in der Nacht aus dem Fenster zu steigen, um einen Mondscheinspaziergang zu unternehmen. Ich hätte mich zu Tode gegruselt! Dabei war das dann doch so toll! Ich hab

mich zwar wie eine Verrückte an ihren Arm geklammert, aber hinterher waren wir dann beide mächtig stolz auf mich. Mit ihr fühle ich mich einfach stark. Wenn ich mal in richtigen Schwierigkeiten wäre, würde sie mich retten. Das weiß ich genau! Ich finde es auch toll, dass man mit ihr so gut herumspinnen kann. Manchmal sitzen wir einfach auf einer Parkbank und malen uns aus, wie es ist, wenn wir endlich erwachsen sind. Wir trainieren das Hinternwackeln und Auf-Hohen-Hacken-Gehen und lachen uns dabei einfach nur schlapp. Das dauert manchmal stundenlang. Da freut sich auch mein Dackel.

Gibt es

Dinge,

die du an deiner
Freundin

überhaupt
nicht
magst?

Da gibt's nicht viele. Vielleicht ärgert es mich manchmal, wenn Pia so tut, als hätte sie ein 24-bändiges Lexikon gefressen. Frau Doktor weiß einfach alles und das auch noch ganz genau. Ich improvisiere da eher und behaupte manchmal Dinge, die ich gar nicht so ganz genau weiß. Das habe ich wahrscheinlich von meinem Vater geerbt. Der liest auch immer nur die Hälfte eines Buches und kann sich dann hervorragend in eine abendfüllende Diskussion über das fatale Ende der Geschichte stürzen. Wenn Pia in der Nähe ist, brauche ich mit so einem Quasi-Wissen gar nicht anzukommen, denn ich werde von ihr garantiert mal wieder verbessert. Frau Dr. Neunmalklug kann mich damit ganz schön auf die Palme bringen. Ich bin ja schließlich auch nicht ganz blöde.

Manchmal nervt es mich, wenn Lotte mal wieder zwei Nummern cooler tut, als sie eigentlich ist, das kommt ab und zu vor. Anstatt einfach zu sagen, dass sie den Namen von diesem süßen Schauspieler auch nicht weiß, tut sie halt so, als ob, notfalls denkt sie sich eben einfach einen Phantasienamen aus! Meistens macht sie das so gut, dass ich es erst Tage später merke, und zwar dann, wenn alle über mich lachen, weil ich mich mit Schauspielern anscheinend gar nicht auskenne ... Aber das ist auch seltener geworden. Oder vielleicht hab ich mich auch ganz einfach daran gewöhnt?

Hattet ihr schon
mal so richtig

Str

eit ?

♡ Allerdings. Aber eigentlich möchte ich nicht mehr darüber reden, das war nämlich richtig schlimm!

Worum ging's denn?

Na ja, eigentlich ging es darum, dass Pia mir ihren Badeanzug nicht leihen wollte. Ich konnte ja nichts dafür, dass sie zu der Party im Schwimmbad nicht eingeladen war. Für mich war es jedenfalls sehr wichtig, dort hinzugehen (weil jemand Bestimmtes auch dort sein würde), und zwar nicht in dem ausgeleierten Ungetüm von Badeanzug, den ich von meiner Schwester geerbt hatte. Der hatte nämlich einen Beinausschnitt, der kurz über den Knien anfing. Ich wollte im Schwimmbad richtig toll aussehen, sexy – und dazu brauchte ich eben den neuen Badeanzug von Pia. Trotz sämtlicher Überredungsversuche war da nichts zu machen. Sie wollte das Ding einfach nicht rausrücken. Schlimmer noch, sie behauptete sogar, dass mir der Badeanzug sowieso nicht passen würde, weil ich noch einen viel zu kleinen Busen hätte. Da bin ich dann richtig ausgerastet. Ich hätte ihr an die Gurgel springen können, wenn ich nicht so gut erzogen worden wäre. An der Geburtstagsparty konnte ich dann leider nicht teilnehmen – wie auch, ich konnte ja schlecht nackt gehen! Als ich später gehört habe, dass auch der bestimmte Spezielle, den ich gerne dort getroffen hätte, mit einem Magen-und-Darm-Igitt-Infekt im Bett gelegen hat und nicht im Schwimmbad war, hab ich ihr verziehen und wieder mit ihr geredet.

2
1
3
4
5

♥ Zu genau dieser Geschichte hab ich jetzt aber auch noch etwas zu sagen! SO war das nämlich ganz und gar nicht.

GEGENDARSTELLUNG: Erstens war das nicht irgendeine Party im Schwimmbad, sondern der Geburtstag von diesem hinterhältigen Prinzesschen aus unserer Klasse.
Lotte und ich hatten uns eigentlich schon seit geraumer Zeit darauf geeinigt, dass diese Oberprimadonna total bescheuert und einfach unmöglich ist. Zweitens war das doch eine absolut billige Intrige, dass diese blöde Kuh Lotte einlädt und mich nicht. Die hatte damals nämlich schon seit ein paar Wochen keine feste beste Freundin mehr und hatte jetzt sicher Lotte im Visier! Drittens war das nicht nur irgendein Badeanzug, sondern DER Badeanzug. Knallpink mit lauter aufgenähten Blumen – todschick und SUPERSEXY! Wenn man bedenkt, wie viele Stunden ich meine Mutter bearbeitet habe, um das Ding zu kriegen, war der mindestens 1000 DM wert. Und den sollte ich ihr für diese Veranstaltung leihen, ohne ihn auch nur einmal getragen zu haben? Und, was noch dazukommt: Spätestens in der nächsten Freibadsaison hätten alle geglaubt, ich müsste jetzt schon die alten Sachen von meiner besten Freundin auftragen!!! Da hab ich dann einfach »Nein« gesagt. Und als Lotte dann fuchsteufelswild geworden ist und mich als neidische Geizschlange bezeichnet hat, da bin ich halt auch gemein geworden. Das mit ihrem kleinen Busen ist mir dann so rausgerutscht und hat mir später wirklich Leid getan.

Aus aktuellem Anlass: FRIEDENSANGEBOTE

Nach einem Streit muss man sich wieder vertragen. Hier kommen elf expertenerprobte Friedensangebote:

- **Handschlag**
  (je lauter, desto besser!)
- **Kniefall**
  (nur auf weichem Untergrund ...)
- **Verbeugung**
  (achte darauf, dass deine Hose nicht zu eng ist!)
- **kleines Geschenk**
  (ist immer gut)
- **großes Geschenk**
  (nur im Ernstfall!)
- **Einladung zum Freundschaftseisbecher**
  (mit Sahne und Papierschirmchen)
- **Ausleihen des Lieblingspullovers**
  (auch wenn es schwer fällt)
- **schönen Brief schreiben**
  (mit möglichst viel Glitzer!)
- **Gutschein für eine Woche Hausaufgaben**
  (als allerletzte Möglichkeit bei ganz schweren Streitigkeiten)
- **selbst gepflückter Blumenstrauß**
  (im Winter musst du dir etwas anderes ausdenken ...)
- **selbst gebackene Torte**
  (mit ihrem Namen aus Zuckerguss)

Seid ihr denn auch

in der Schule viel zusammen?

Wir gehen in dieselbe Klasse, das heißt, wir sehen uns jeden Tag. Ich habe keine Ahnung, wie hoch unsere Telefonrechnung sein würde, wenn das nicht so wäre!
Auch sonst ist es gut, dass wir in eine Klasse gehen. Eigentlich komme ich nämlich überall ganz gut durch, ohne mich zu überanstrengen. Na ja, außer eben in Sport. Ich hab halt was

gegen dieses sinnlose Rumgehampel. Und gegen diese Frau Dr. Obersporthenne mit ihrer Trillerpfeife und den Blumenkohlohren. Und sie hat was gegen mich: Ich bin die Einzige weit und breit, die in Sport Hausaufgaben aufbekommt und 100 Badmintonaufschläge üben muss. STERBENSPEINLICH! Aber Lotte und ich haben da diese Geheimabmachung: Sie wählt mich immer in ihre Volleyball-Mannschaft, egal wie selten ich den Ball treffe, damit ich nicht als Letzte so doof herumstehen muss. Und dafür übernehme ich den mathematischen Bereich.

Na ja, also so 'ne Leuchte wie sie bin ich nicht gerade. Ich habe eben auch 'ne Menge anderer Hobbys. Manchmal üben wir zusammen vor den Arbeiten oder machen uns zumindest gemeinsam einen Schummelzettel. Leider sitzen wir seit neuestem nicht mehr zusammen. Wir sind zwar schon öfter durch »private Gespräche im Unterricht« aufgefallen, aber nach diesem Zwischenfall in der Physikstunde, können wir uns während des Unterrichts nur noch per Handzeichen verständigen. Da hat sich nämlich unsere Lehrerin, die an sich schon eine ziemlich lustige Erscheinung ist – sie trägt immer komische Schottenröcke und dazu genau passende Kniestrümpfe, aus Versehen neben ihren Stuhl gesetzt. Das sah vielleicht aus! Wir haben uns totgelacht! Alle haben sich total totgelacht, nur, wir konnten einfach nicht mehr aufhören. Das war wie so eine Art Anfall. Vielleicht hatten wir am Morgen was Falsches gefrühstückt. Keine Ahnung, wir konnten jedenfalls nicht mehr aufhören. Mir schossen die Tränen in die Augen

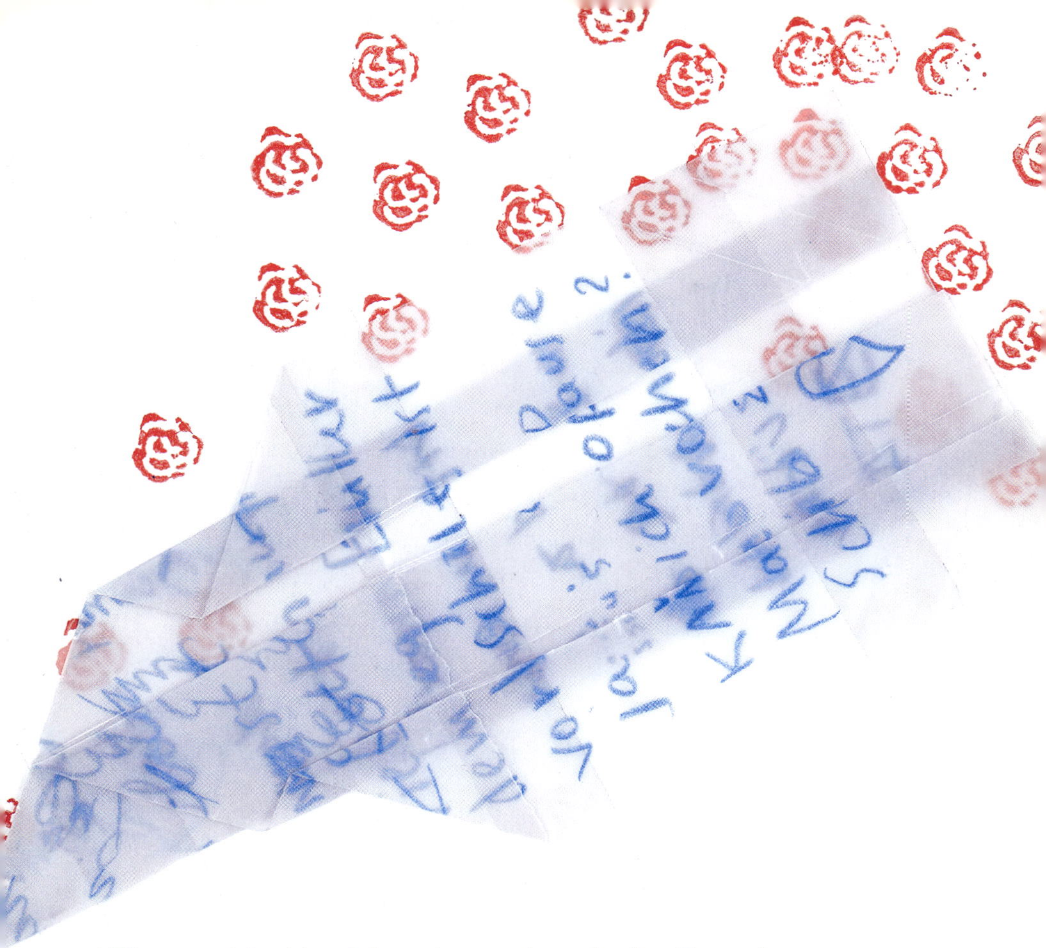

und Pia verschluckte sich andauernd vor lauter Gegacker. Unsere Lehrerin wollte uns mit einer Gardinenpredigt über Menschen mit Schadenfreude zum Schweigen bringen, brüllte uns an und drohte mit dem Direktor. Aber da war überhaupt nichts zu machen. Selbst als sie uns vor die Tür schickte, kringelten wir uns weiter. Als die Stunde vorbei war, beruhigten wir uns allmählich. Ich weiß auch nicht mehr, warum ich so lachen musste, aber es hat großen Spaß gemacht. Seit dieser Sache sitzen wir beide also nicht mehr nebeneinander. Aber es gibt ja schließlich noch die Pausen.

Werdet ihr

beneidet?

genialen Song
rbit an die Regler,
auf kein Risiko ein!
THE KILLER BARBIES
-PÜPPCHEN
nicht befreundet,
Firma (Eastwest) und haben

Blöde Frage!

Teilt

ihr jedes

Geheimnis?

Ja, auf jeden Fall! Oder, na ja, vielleicht nicht immer sofort das ganze Geheimnis ... Einmal, als eine bestimmte Person aus unserer Klasse mir unter dem Siegel der Verschwiegenheit anvertraut hat, dass sie gesehen hat, wie ein bestimmter Biolehrer in der Eisdiele mit ... aber das führt hier wirklich zu weit! Jedenfalls einmal, als ich sozusagen Geheimnisträgerin war, da hab ich Lotte erst alles erzählt, nachdem sie mir dreimal beim Leben ihres Rauhaardackels geschworen hat, nichts und unter gar keinen Umständen auszuplaudern. Ich glaube, ich kann vor Lotte so schlecht Geheimnisse haben, weil es mich immer so brennend interessiert, was sie davon hält.

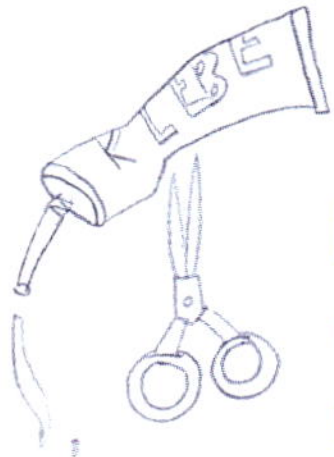

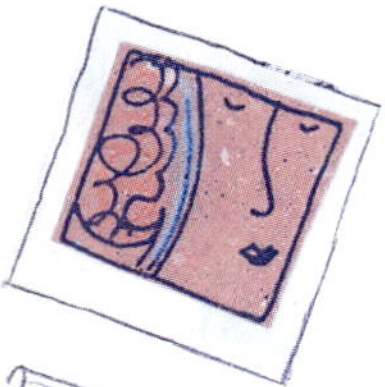

Wenn ich versuche, etwas für mich zu behalten, fühle ich mich immer, als ob ich die Luft anhalte und gleich platzen müsste. Besonders an Pias Geburtstag muss ich mich echt immer zusammenreißen. Zum Beispiel letztes Jahr, da hatten wir wegen so was fast eine ernst zu nehmende Beziehungskrise. Ich wollte ihr nämlich ein Fotoalbum basteln, mit ein paar tollen Schnappschüssen von uns beiden drin. Ich hab mir damit echt viel Mühe gegeben, und es hat ganz schön lange gedauert, bis ich das Ding endlich fertig hatte. Klar, dass ich mich deswegen ein paar Mal nicht am Nachmittag mit ihr verabreden konnte. Und leider konnte ich ihr ja auch nicht sagen, weswegen. Pia hat mich gelöchert wie einen Schweizer Käse und gemeint, ich würde mich wohl mit einem anderen Mädchen verabreden. Trotzdem hab ich geschwiegen wie ein Grab. Auch wenn's mir ziemlich schwer gefallen ist. Zum Glück kam dann endlich ihr Geburtstag und ich konnte mein Geheimnis lüften. Sie hat sich ganz doll über mein schönes Geschenk gefreut, und wir haben danach verabredet, dass in Zukunft die Geheimniskrämerei vor Geburtstagen erlaubt ist.

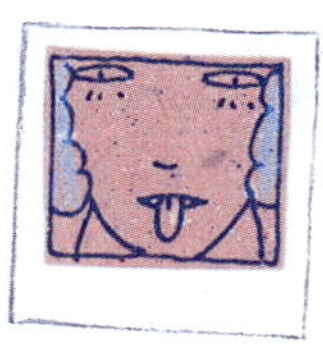

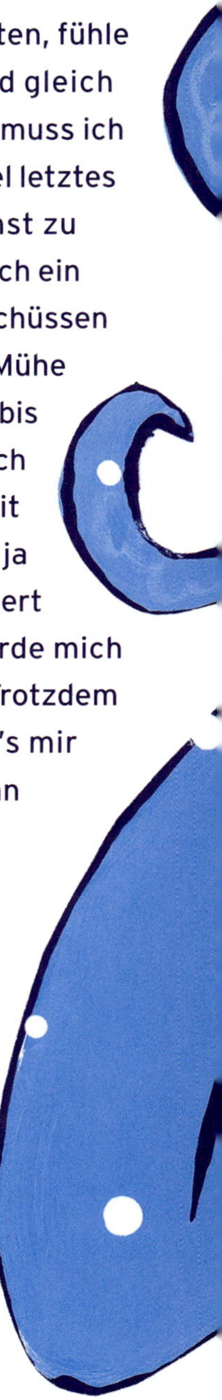

Für ganz private Dinge: Die Herz-Geheimnis-Schachtel zum Selberbehalten oder Weiterverschenken!

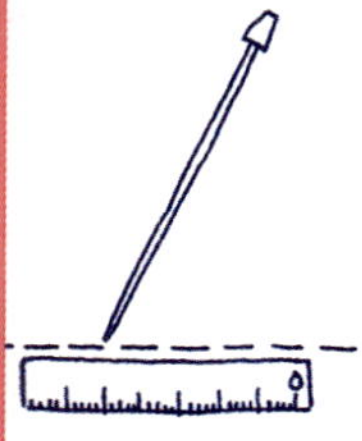

1. In einem Copy-Shop lässt du dir eine schwarzweiß Kopie von dieser Vorlage auf ein etwas dickeres Papier kopieren (160g – 200g ist gut). Natürlich kannst du das Schnittmuster auch vergrößern oder verkleinern, je nachdem, wie groß dein Geheimnis ist.
2. Dann ziehst du an einem Lineal entlang alle gestrichelten Linien (– – – –) mit einer Stricknadel nach. So knickt das Papier später genau dort, wo es soll.
3. Jetzt schneidest du die Schachtel vorsichtig an der dicken schwarzen Linie (———) entlang aus.
4. Nun falte die Schachtel zusammen. Die Ecken knickst du nach innen, so dass die kleinen Pfeile aufeinandertreffen. Dann hakst du die Herzhälften ineinander, danach die Mädchengesichter.
5. Eigentlich ist die Schachtel jetzt fertig. Jetzt kannst du sie ganz nach deinem Geschmack anmalen und verzieren!

Und wie ist das eigentlich mit der

Liebe
?

Das ist schon wieder so eine schwierige Frage! Aber Sie sprechen natürlich mit einer angehenden Expertin in Sachen Liebe – im Gegensatz zu meiner Freundin bin ich da schon viel besser informiert. Also, mit der Liebe ist das so eine Sache, sie lässt sich in drei bis vier Phasen aufteilen.

Wenn man jemand ganz Bestimmtes toll findet und nur orakeln kann, ob der einen wohl auch mag, dann befindet man sich in Phase 1, und es ist sehr, sehr aufregend mit der Liebe. Danach, in Phase 2, macht sich diese Person mitten im Kopf breit, als wäre sie da schon zu Hause. Schon vor dem Aufwachen muss man an sie denken, mitten in der Mathestunde blockiert sie plötzlich das Gehirn und Einschlafen geht leider auch nicht mehr. In dieser Phase ist es hauptsächlich super anstrengend mit der Liebe. Und danach kommt der entscheidene Moment. Unter Umständen beginnt nun Phase 3a, und es kann total peinlich werden. Zum Beispiel fährt man eines Tages, ohne an jemand Bestimmtes zu denken, mit seinen Skates herum. Plötzlich sieht man völlig unvorbereitet seinen Schwarm in der Eisdiele sitzen. Toll!, sagt man sich da, das ist die Gelegenheit, um ihn mit einem richtigen Auftritt bis in alle Ewigkeiten zu beeindrucken! Und dann kommt es wie in einem schlechten Film: Statt eine coole Vollbremsung mit quietschenden Reifen zu veranstalten, wickelt man sich wie ein Pfadfinderknoten um den hässlichsten Kellner aller Zeiten. Die bestimmte Person lacht sich noch drei Wochen lang halb tot und erzählt die Geschichte in der ganzen Stufe herum. Und man selbst kann den Rest des Sommers noch nicht einmal mehr ein Eis essen gehen. Das ist Phase 3a! Aber manchmal kommt nach 2 auch Phase 3b, und dann ist es supertoll mit der Liebe. Wenn man beispielsweise einen richtig süßen Liebesbrief von seinem Schwarm bekommt, oder wenn man endlich herausbekommt, wie das mit dem Küssen ist … Und das ist dann auch schon sofort Phase 4 und in der wird es richtig privat mit der Liebe. Darüber würde ich nur mit meiner besten Freundin reden.

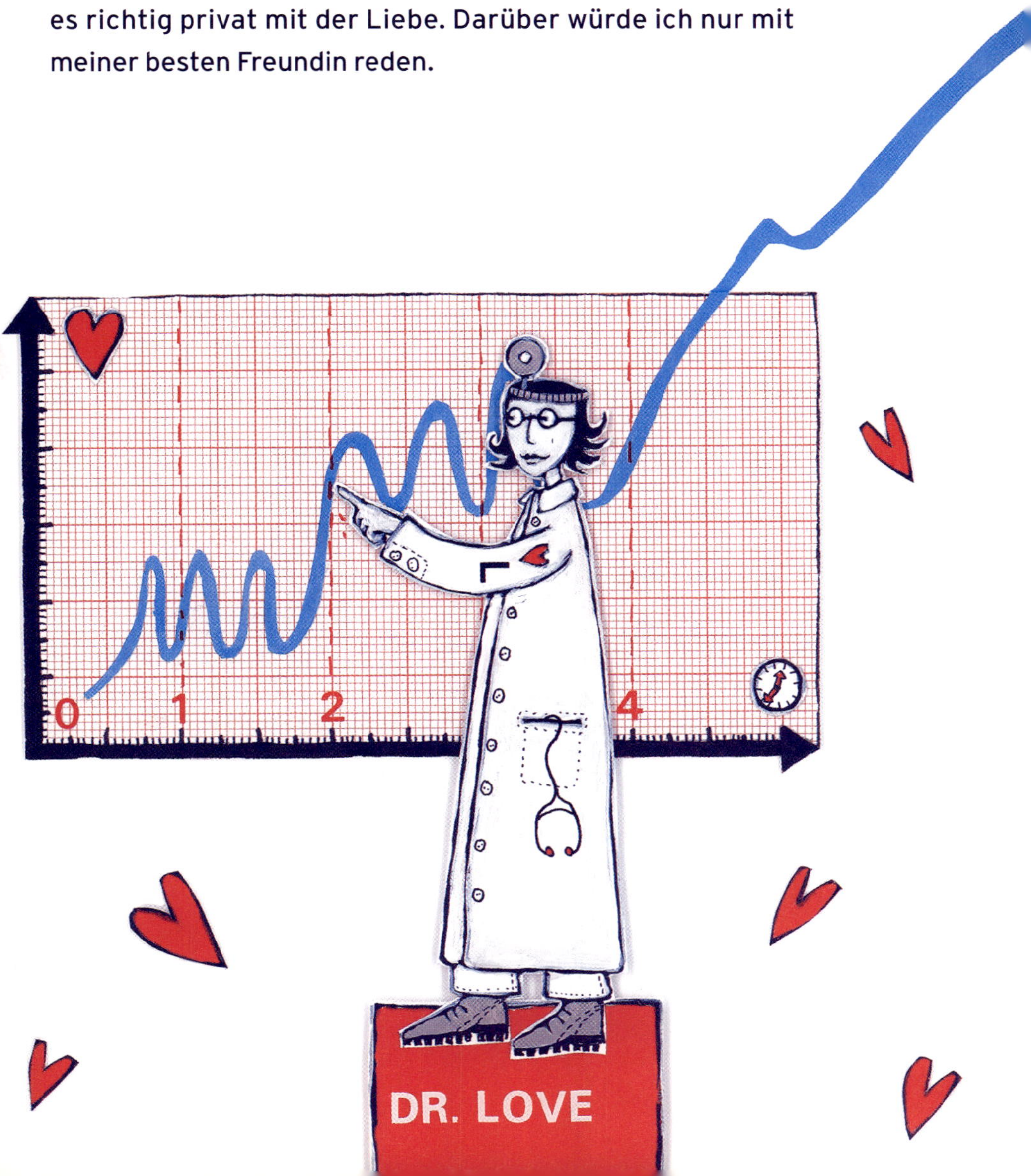

TOP
ACT
DES
MON
SEXY
TOUR

Bisher lief es bei mir in Sachen Liebe nicht gerade toll. Klar war ich schon öfter verliebt und hab auch schon mal wen geküsst, aber irgendwie war das nie was Ernstes. Ich muss sagen, dass mich die Jungs bei uns in der Klasse auch nicht gerade vom Hocker hauen. Das sind ja alles solche Milchbubis. Die haben ja noch nicht einmal die Spur eines Dreitagebarts. Ich interessiere mich, wenn überhaupt, eigentlich mehr für Typen aus den höheren Klassen. Die scheinen allerdings alle eine Sehschwäche zu haben, denn leider konnte ich mit meinem BEZAUBER-Lächeln noch nichts Entscheidendes erreichen. Das macht mich manchmal ganz traurig, und da nützt es dann auch nichts, wenn meine Mutter sagt, mit Männern wäre es am schönsten, wenn sie gerade nicht da sind. Meine Schwester wechselt momentan ihre Freunde wie die Socken, und ich gebe ihnen insgeheim Punkte und zwar von 1-10. Einmal, als so ein 10-Punkte-Typ sie jeden Tag abgeholt hat, habe ich mich aus Versehen total in den verliebt. Ich habe mir immer besonders schöne Sachen angezogen, wenn ich wusste, dass er kommt, und ihm dann die Tür aufgemacht. Der hatte so ein süßes Lächeln. Leider hat meine Schwester ihn ziemlich schnell wieder ausrangiert, die dumme Ziege, so hatten wir dann keine Zeit mehr, uns wirklich näher zu kommen.
Eigentlich hätte ich auch mal gerne einen richtigen Freund, aber ich habe eben ganz genaue Vorstellungen von der Liebe und werde keineswegs mein goldenes Herz an jeden Blödmann verplempern. Ich glaube, wenn der Richtige kommt, dann merkt man das – wahrscheinlich werde ich dann ohnmächtig.

Bist du manchmal neidisch

auf deine
Freundin?

♡ Ich finde Neidischsein doof – grundsätzlich!!! Aber leider kann ich es nicht ändern, dass ich es trotzdem manchmal bin. Dank meiner hervorragenden Erziehung weiß ich ja auch, Neidischsein ist schlecht. Aber was soll man machen, wenn man da in seinen allerneuesten Klamotten mit seiner Freundin in der Eisdiele herumsitzt und dann kommen ein paar sagenhafte Typen um die Ecke und die schauen nur auf Pia! Und das bei dem Aufwand, den ich vor dem Spiegel betrieben habe! Da geht mir einfach der Hut hoch, sämtliche Sicherungen brennen durch, ich schäume und koche und bin neidisch wie sonst was. Ich verstumme, gebe nur noch einsilbige Antworten und aus zusammengekniffenen Augenwinkeln vergleiche ich meine liebreizende Erscheinung mit der meiner Freundin. Schlecht ist das. Besonders, weil mir natürlich der Eisbecher anschließend überhaupt nicht mehr schmeckt. Zum Glück habe ich solche Anfälle nicht sehr häufig.

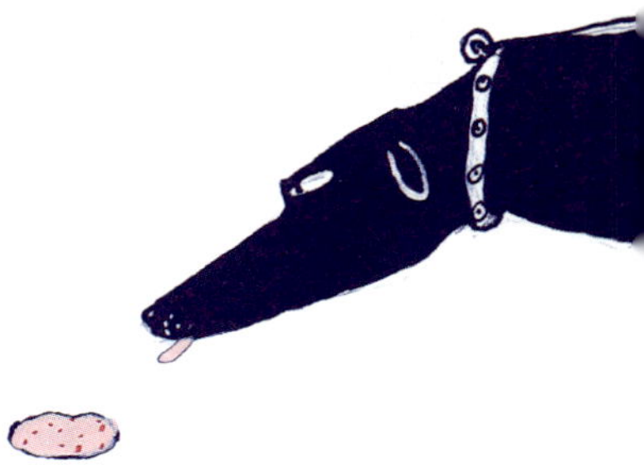

Grrrr

♡ Das, was meine kluge Freundin da sagt, stimmt haargenau! So ist es. Bei diesen Leuten, die immer so vollkommen neidlos durch das Leben spazieren und dabei ihren kleinen Heiligenschein anknipsen, weiß ich auch nicht. Ich kann mir einfach nicht vorstellen, dass das echt ist! Trotzdem machen mir diese neidlosen Lichtgestalten manchmal ein schlechtes Gewissen, ich bin nämlich nicht so. Wenn Lotte zum Beispiel mal wieder eine Geschichte zum Besten gibt, die wir gemeinsam erlebt haben, kann ich mir manchmal kaum vorstellen, dass ich tatsächlich dabei gewesen bin – alles klingt viel interessanter und spannender und die Leute pinkeln sich fast in die Hose vor Lachen. Und wenn ich dieselbe Geschichte erzähle, hören die Leute mir nicht mal zu. Da kann ich schon manchmal richtig neidisch auf sie werden, beste Freundin hin oder her. Ich glaube, das ist völlig normal. Wir sind uns manchmal schon ziemlich ähnlich – sonst würden wir uns wohl auch nicht so gut verstehen.

6920

DER »BIST-DU-NEIDISCH-TEST« WELCHER NEIDHAMMELINTYP BIST DU?

1. Welche Farbe hat der Neid?

A. Rot (2 Punkte)
B. Gelb (20 Punkte)
C. Grün (5 Punkte)

2. Du hast mit deiner Freundin für eine Klassenarbeit gelernt und sie schreibt zwei Noten besser als du! Wie reagierst du darauf?

A. Das nächste Mal lerne ich alleine. (5 Punkte)
B. Das lässt mich völlig kalt. Ich habe eben andere Qualitäten. (4 Punkte)
C. Ich freue mich für sie und nehme mir vor, das nächste Mal komplett bei ihr abzuschreiben. (3 Punkte)

3. Deine Freundin hat immer ganz tolle Klamotten an, solche, die du dir garantiert nicht leisten kannst! Was machst du?

A. Ich mache ihr klar, dass gute Freundinnen alles miteinander teilen. (4 Punkte)
B. Ich schnappe mir die Nähmaschine meiner Mutter und kreiere meinen eigenen Modestil.

Nach kurzer Zeit bin ich ganz berühmt und wohne in London. (0 Punkte)

C. Ich backe ihr jeden Tag einen Kuchen und spekuliere darauf, dass ihr die Klamotten bald nicht mehr passen. (50 Punkte)

4. Deine Freundin und du seid beide verknallt in den einzig passablen Typen, der weit und breit in Sicht ist. Du merkst schnell, dass deine Chancen sehr viel schlechter stehen als die deiner Freundin.

A. Ich nehme die Sache sportlich und denke mir, beim nächsten Mal mache ich das Rennen. (3 Punkte)

B. Ich bekomme einen ausgewachsenen Wutanfall und stelle sie vor die Wahl – er oder ich! (1000 Punkte)

C. Ich finde das Ganze nicht besonders komisch und verliebe mich schnell in jemand anderen. (5 Punkte)

Hast du Angst,
deine Freundin
zu verlieren?

♡ Och nö, überhaupt nicht. Wenn sie mal weg ist, dann schlage ich halt den Katalog auf und such mir eine Neue aus. Diesmal vielleicht mit kurzen, dunklen Haaren! Also, mal ehrlich, was ist denn das jetzt schon wieder für eine Frage? Menschen sind doch nicht einfach austauschbar! Natürlich habe ich manchmal Angst! Ohne meine beste Freundin würde mein Leben nämlich ganz fürchterlich aussehen: Wenn da niemand wäre, der mich nur einmal kurz angucken muss, um zu

wissen, was mit mir los ist ... Keiner, mit dem ich hemmungslos über gewisse andere Personen herziehen könnte ... So ganz ohne jemanden, mit dem ich alles, alles teilen kann und den ich nie im Leben anlügen könnte, weil das gar nicht geht – das wäre SUPERSCHRECKLICH!!! Ohne meine beste Freundin kann ich mir mein Leben überhaupt nicht vorstellen. Und im Grunde bin ich auch ganz sicher, dass wir noch befreundet sind, wenn wir dreißig sind. Das darf eigentlich gar nicht anders sein.

Ich habe eigentlich keine Angst, meine Freundin zu verlieren. Das ist nämlich völlig ausgeschlossen. Ich kann mir überhaupt nicht vorstellen, dass wir uns jemals so in die Haare kriegen könnten, dass damit die Sache erledigt wäre. Wir doch nicht. Mit uns ist das etwas ganz Besonderes. Selbst wenn Pia an den Nordpol ziehen sollte, was ich nicht glaube, denn dort ist es viel zu kalt und weiß, würden wir uns täglich schreiben und uns so oft wie möglich besuchen. Ich bin mir ganz sicher, dass wir immer Freundinnen sein werden.

Was machst du,

wenn deine
Freundin
traurig
ist?

♥ Also, zuerst versuche ich, mit ihr die Sache zu bereden und festzustellen, warum sie eigentlich traurig ist. Falls sich herausstellt, dass der Grund dafür zwei Beine hat und sein Name mit dem Buchstaben M anfängt, erläutere ich ihr erst mal alle Nachteile der betreffenden Person und beende meinen Vortrag mit dem Satz: »Mach dir da bloß nichts draus, der ist sowieso total bescheuert.« Falls Pia wegen einer anderen Sache traurig ist, versuche ich sie zu trösten. Wir reden dann ganz lange miteinander und ich nehme sie in den Arm. Wenn das alles nichts nützt, singe ich ihr ein schönes Lied vor. Irgendeinen Schmachtfetzen. Das wirkt meistens extrem gut.

sweet, —
so
lov - ing and

♡ Zuerst einmal für alle, die es noch nicht wissen – meine Freundin ist die allerbeste Trösterin auf der ganzen Welt! So gut wie Lotte bin ich leider nicht. Na klar nehme ich sie erst einmal auch in den Arm, höre einfach nur zu und versuche, meine Klappe zu halten. Ich sage höchstens Sachen wie: »Oh, wie schrecklich!«, und stelle die eine oder andere Zwischenfrage. Dann gibt es ziemlich schnell zwei Möglichkeiten: Entweder ihr fällt beim Sich-selber-Zuhören auf, wie blöd ihr Problem ist, und wir fangen an zu gackern – oder es ist ernst. Dann bereden wir die Sache und suchen gemeinsam nach einer Lösung.

Einmal, als ihr kleiner Hase weggelaufen war, haben wir eine spektakuläre Rettungsaktion mit GESUCHT!-Plakaten in der ganzen Nachbarschaft veranstaltet. Es konnte zu diesem Zeitpunkt ja keiner ahnen, dass von Karotte nur noch die Ohren übrig waren. Als Lotte dann angefangen hat zu weinen, tat sie mir so Leid, dass ich mit ihr zusammen um die Wette geheult habe. Und danach haben wir dann ein feierliches Begräbnis für die sterblichen Überreste des Hasen inszeniert, und ich habe die Grabrede gehalten. Manchmal hilft mitheulen. Manchmal leider auch nicht. In diesem Fall versuche ich immer, sie auf andere Gedanken zu bringen. Da ich überhaupt nicht singen kann, erzähle ich ihr entweder Geschichten mit gutem Ende oder mache Leute nach, die wir beide kennen und blöd finden ...

Was war euer

bestes

gemeinsames
Erlebnis?

Ich finde, unser bestes gemeinsames Erlebnis war, als wir versucht haben, deine Schwester als Hauptgewinn einer Tombola zu verlosen!

Ich fand es am besten, als wir dir ein Gipsbein selbst gemacht haben und du deswegen an der Sportprüfung nicht teilnehmen musstest!

Stimmt, das war echt gut! Aber weißt Du noch wegen ... weil der plötzlich 'ne andere hatte. Das war doch toll, wie wir dem gemeinsam einen fetten Pickel auf die Nase gewünscht haben!!!

Ja, das war klasse! Vor allem, dass das auch noch funktioniert hat! Und die Sache mit der Geheimsprache war auch nicht schlecht.

Ja, und weißt du noch der Seifenspender ...

Na ja, aber nicht halb so gut wie die Sache mit der Maus!

Öh, erinnere mich bitte nicht daran ...

Wieso, das war doch echt lustig! Wie wir die Maus bei McDonald's in meinem Colabecher eingefangen haben.

Na, für dich vielleicht!

Wieso, du wolltest doch unbedingt ein Haustier haben.

Ja, aber keines das innerhalb von nur einer Nacht meine sämtlichen Lieblingspullover vollkötelt!

Ich fand das echt komisch, dass du noch Wochen danach wie ein Hamsterkäfig gerochen hast.

Sehr witzig!

Fandest du doch auch!

Ja!

Na, also.

Also, wir hatten jede Menge toller gemeinsamer Erlebnisse. Die Sache mit der Maus gehört aber nicht dazu.

Und

wie stellt

ihr euch eure

Zukunft
vor?

Meine endgültige Zukunftsidealversion geht ungefähr so: Als Erstes überstehe ich möglichst zeitgleich mit Lotte die Schule. Notfalls mache ich aus Solidarität halt eine Klasse noch mal (das ist natürlich ein Scherz! Aber ich hole sie bestimmt jeden Tag von der Schule ab ...)
Danach machen wir eine geniale Erfindung, zum Beispiel eine Verdopplermaschine, mit der man sich selbst duplizieren kann. Damit verdienen wir sehr, sehr viel Geld. Trotzdem haben wir natürlich jede Menge Zeit. Mit dem ganzen Geld kaufen wir uns dann irgendwann ein schickes kleines Raumschiff,

meinetwegen auch in Himmelblau, und machen eine intergalaktische Rundreise. Wenn wir genug haben, kommen wir zurück, verscheuern das Raumschiff und kaufen uns von dem Geld ein nettes Haus. Da ziehen wir dann gemeinsam ein, links wohnt Lotte, rechts ich und in der Mitte können wir uns in der Küche treffen. Falls eine von uns einen netten Mann kennen lernt, darf der natürlich bei uns einziehen. Aber nett muss er sein! Wir werden auf jeden Fall beide berühmt, als was genau, weiß ich noch nicht. Das wäre schön. Ich hoffe, Lotte macht mit.

Nihoa
Honolulu

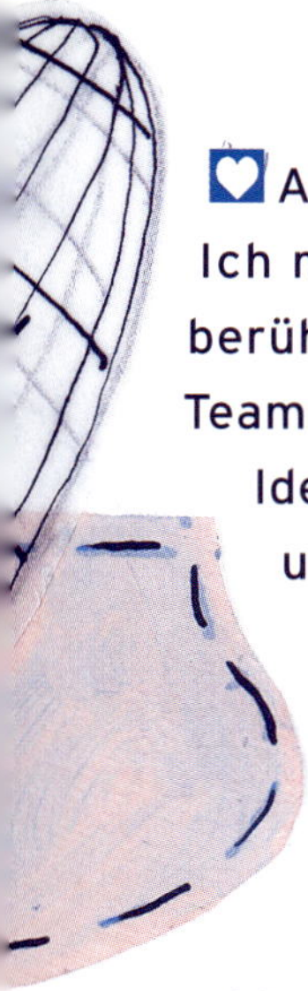

Also, auf alle Fälle stelle ich mir die Zukunft rosig vor. Ich mache mit Pia eine Band auf oder wir werden berühmte Künstlerinnen. Wir sind ein unschlagbares Team und verdienen ganz viel Geld mit unseren tollen Ideen. Von mir aus fliegen wir dann auch zum Mond und kaufen uns anschließend ein Haus am Strand von Honululu. Das Haus wäre sehr schick eingerichtet und ich hätte ganz viele CDs und könnte jeden Tag etwas anderes hören. In der großen Küche unseres Hauses würde dann eine Tischtennisplatte stehen. Dort könnten wir dann jeden Morgen mit unseren Traummännern Rundlauf spielen. Und wenn wir dann Kinder haben, spielen die auch mit.

Was würdet ihr denjenigen raten, die eine

Freundin
suchen?

Obwohl ich laut meiner Freundin ja ganz schön viel weiß, kann ich hier auch keine großen Ratschläge erteilen. Auch ich bin halt nicht Frau Dr. Allwissend … (Aber fast! Anmerkung von Lotte!) Ich bin mir allerdings gar nicht sicher, ob man überhaupt etwas dafür tun kann, um eine Freundin zu finden. Bei mir und ihr kam das ja »irgendwie so«, am Anfang fand ich sie sogar ganz schön doof. Und dann hat es auch noch mal ein bisschen gedauert, bis wir von »einfach so befreundet« zu allerbesten Freundinnen geworden sind. Ich könnte hier natürlich auch irgendeinen Hokuspokus von wegen günstiger Sternenkonstellation erzählen, aber um ehrlich zu sein, ich weiß auch nicht, wieso das bei uns plötzlich geklappt hat.

Leider ist das Freundinnen-Finden sehr oft eine total nervige und elend langwierige Angelegenheit – und das sage ich aus ganz persönlicher Erfahrung. Wüsste ich ein Rezept, mit dem man sich diese Prozedur einfach sparen könnte, ich würde es sofort verraten. So etwas wie »Zieh dir einen rosa Pullover an, schmier dir die Fußsohlen mit Zahnpasta ein, dreh dich bei Vollmond dreimal um dich selbst und schon – zack – sitzt sie direkt neben dir, deine beste Freundin«!!! Das wäre toll und so bequem. Ich glaube, das Freundin-Sein muss man ausprobieren, man kann ja schließlich nie wissen, was dabei herauskommt. Dabei verliert man möglicherweise 18.000 Haare, heult 50 Liter Wasser und sammelt die eine oder andere Umzugskiste voll mit Enttäuschungen.

Freundinnen-Checkliste

Achtung, diese Liste ist eine Kopiervorlage. Du kannst sie bei deiner Suche nach einer Freundin von potentiellen Bewerberinnen ausfüllen lassen. Das erleichtert die Vorauswahl und erspart dir jede Menge Enttäuschungen und Zeit!

Name:

Telefon:

Alter:

Schuhgröße:

Klamottengröße:

Lieblingsfarbe:

Lieblingsgruppe:

Hier Foto einkleben!

Lieblingsfilm:

Lieblingsessen:

Lieblingshobby:

Lieblingsfach:

Lieblingsfernsehsendung:

Lieblingsspiel:

Lieblingsbuch:

Lieblingssport:

Lieblingssüßigkeit:

Lieblingsabneigung:

Lieblingsgetränk:

Liebling:

Datum:

Unterschrift:

hier abschneiden

So, das war's!

**Unsere Zeit ist leider schon wieder zu Ende.
Wir hoffen, es hat dir Spaß gemacht**

und du bist
freundschaftsmäßig
jetzt voll informiert.
Vielen Dank fürs
Lesen und vielen
Dank auch an
unsere redseligen
Studiogäste!

Applaus!

Dürfen wir noch wen grüßen?

Na gut, wenn's sein muss.

LÖSUNGEN

Bist du eine gute Freundin?

-4 – 1 Punkte	Du musst noch ganz schön üben, um eine richtige Freundin zu werden.
2 – 125 Punkte	Aus dir kann eine richtig tolle Freundin werden. Mach weiter so!
126 – 2037 Punkte	Wer dich zur Freundin hat, der hat echt Glück gehabt!

Bist-du-neidisch-Test

8 – 13 Punkte	**Neidhammelin mit Heiligenschein!** Du bist so gut wie gar nicht neidisch. Hast du etwa geschummelt?
14 – 30 Punkte	**Stinknormale Neidhammelin** Dein Neid-Pegel befindet sich voll im grünen Bereich. Es ist nämlich gar nicht schlimm, ab und zu mal neidisch zu sein. Deiner Freundin wird's nicht anders gehen.
31 – 1075 Punkte	**Premium-Neidhammelin** Dein Neid schlägt alle Rekorde. Du musst dringend überlegen, wie du das in den Griff bekommst!

Franziska Biermann und **Antje von Stemm** wurden beide 1970 in Bielefeld bzw. Hamburg geboren. Sie haben gemeinsam an der Hamburger Fachhochschule für Gestaltung Illustration und Kommunikationsdesign studiert. Antje von Stemm arbeitete von 1995 bis 1996 als Papieringenieurin bei einer Designfirma für Pop-up-Bücher in Santa Fe, N.M., USA. Seit geraumer Zeit arbeiten die beiden zusammen im frisch renovierten Atelier Freudenhammer in Hamburg. Beide sind ca. 1,60 m groß und haben Schuhgröße 38. Jede für sich hat bereits bei mehreren Verlagen tolle Bücher veröffentlicht, u.a. »Das Glücksbuch« (Franziska Biermann) und »Fräulein Pop und Mrs.Up« (Antje von Stemm). Als Team nennen sie sich »brillante töchter«. Dies ist ihre erste Co-Produktion.
Ihre ersten Bildideen zum Thema »Freundinnen« veröffentlichten sie im Kindermagazin »Der Bunte Hund«. Im Verlag Beltz & Gelberg erschienen von Franziska Biermann – neben einigen Titelbildern – viele Illustrationen, u.a. zu den Kinderbüchern von Christine Nöstlinger, Elisabeth Honey und zuletzt zu dem Adventskalenderbuch von Joan Aiken »Ein Hund bellt sich vom Dach«.

brillante töchter©

Neue Rechtschreibung
Lektorat Barbara Gelberg
Einband von Franziska Biermann und Antje von Stemm
Typographie & Layout: Franziska Biermann
Satz & Litho: Grafische Werkstatt Christian Kreher, 22955 Hoisdorf
Druck: Druckhaus Beltz, 69494 Hemsbach
Bindung: Druckhaus »Thomas Müntzer«, 99947 Bad Langensalza
Printed in Germany
ISBN 3 407 79808 3
1 2 3 4 5 6 05 04 03 01 00